O QUE É O MATERIAL DOURADO?

O Material Dourado foi criado pela médica e educadora Maria Montessori (1870-1952) para auxiliar o processo de aprendizagem de Matemática.

Esse material contribui de forma concreta e lúdica para a compreensão do sistema de numeração decimal e de outros conceitos matemáticos, facilitando o raciocínio, permitindo que a criança estabeleça relações, faça comparações, levante hipóteses e, dessa forma, se aproprie efetivamente dessa aprendizagem de maneira divertida e significativa.

Então, separe o seu Material Dourado e vamos juntos aprender!

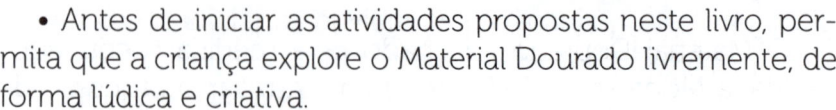

ORIENTAÇÕES PARA PAIS E EDUCADORES

• Antes de iniciar as atividades propostas neste livro, permita que a criança explore o Material Dourado livremente, de forma lúdica e criativa.

• Nesse primeiro reconhecimento, a criança poderá usar a imaginação para criar figuras com as peças, e é nesse processo livre de criação que ela descobrirá as relações entre elas, fazendo correspondências, sequências, ordenando-as, comparando-as, agrupando-as e levantando hipóteses. Essa experiência inicial é importante para a aprendizagem da criança.

• Depois dessa vivência, partiremos para as atividades propostas.

• Sempre utilize o Material Dourado durante a realização das atividades, para que a criança possa compreender melhor e aprender pela manipulação do material concreto.

CONHECENDO O MATERIAL DOURADO

Vamos conhecer as peças que compõem esse material.

 = 1 unidade

CUBINHO

1 dezena = 10 unidades

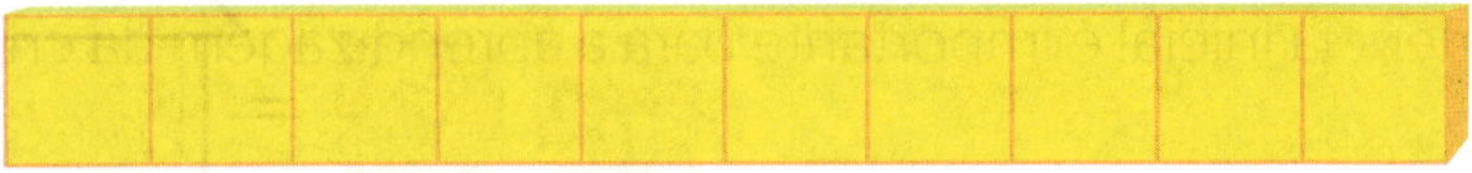

BARRA

1 centena = 100 unidades

PLACA

AS UNIDADES

Pegue as unidades do seu Material Dourado e **sobreponha** as unidades abaixo. Em seguida, registre a quantidade.

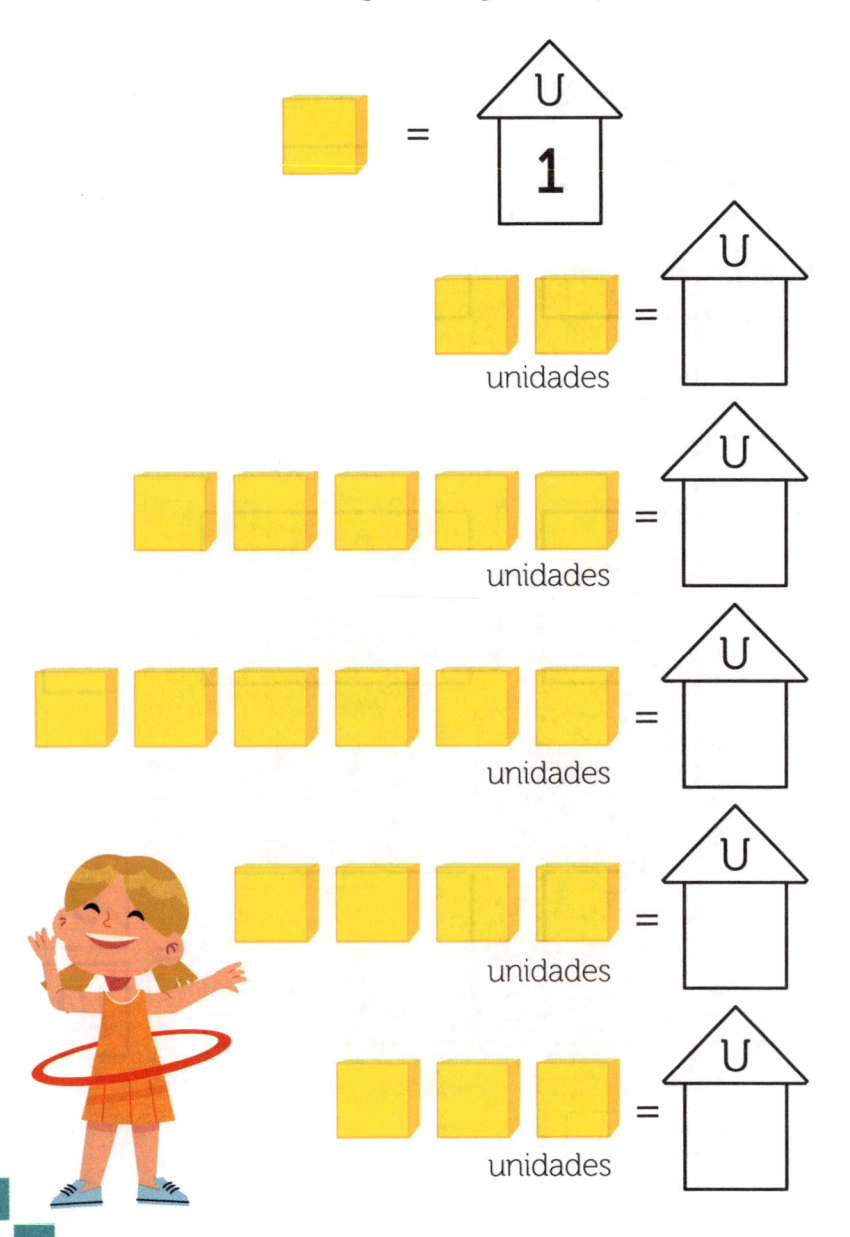

■ = U / 1

■ ■ = U / ____
unidades

■ ■ ■ ■ ■ = U / ____
unidades

■ ■ ■ ■ ■ ■ = U / ____
unidades

■ ■ ■ ■ = U / ____
unidades

■ ■ ■ = U / ____
unidades

CONTANDO E CALCULANDO

Some as unidades e pinte o resultado correto das adições.
- **Sobreponha** as unidades com o seu Material Dourado.

QUAL O RESULTADO?

Utilizando o seu Material Dourado, siga as instruções e descubra o resultado somando as unidades.

Pegue **4** unidades. **+** Pegue **5** unidades.

RESULTADO

= _____ unidades

Pegue **7** unidades. **+** Pegue **3** unidades.

RESULTADO

= _____ unidades

Pegue **6** unidades. **+** Pegue **5** unidades.

RESULTADO

= _____ unidades

CONTANDO AS UNIDADES

Descubra a idade das crianças contando as unidades.

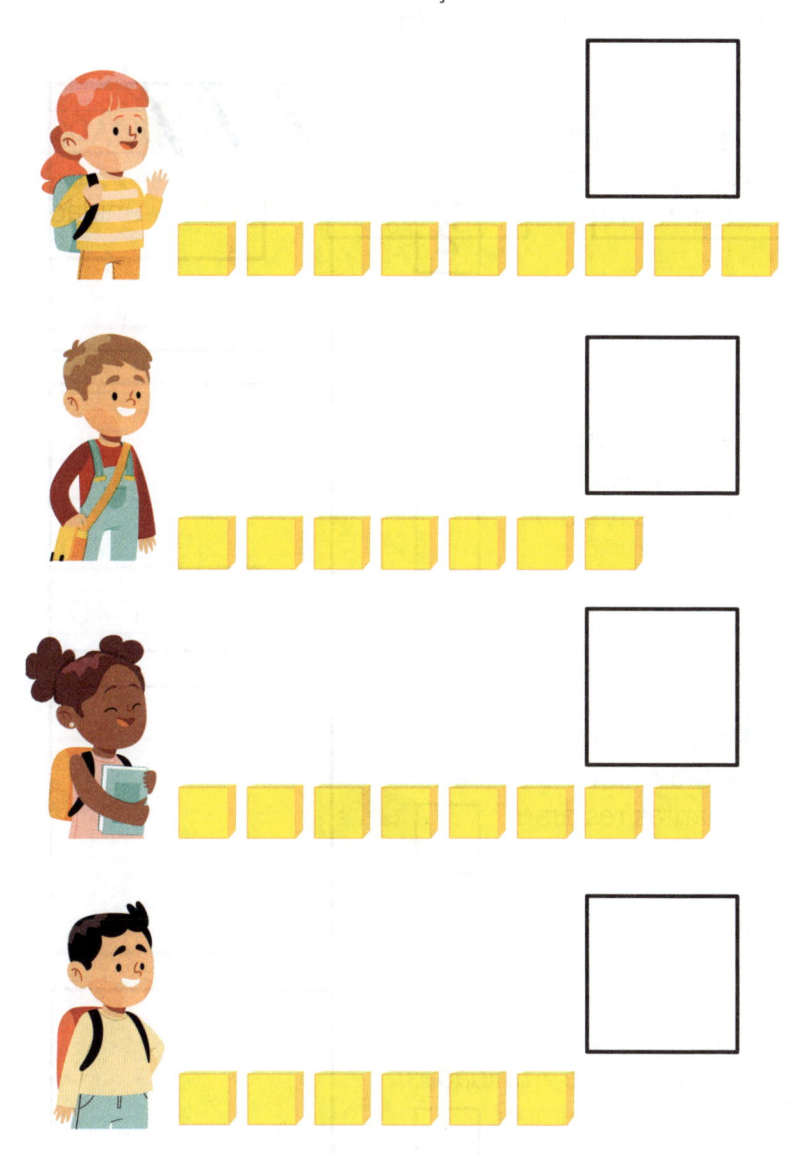

CIRCULE A CRIANÇA QUE TEM MAIS IDADE.

QUANTO RESTA?

Siga as indicações e descubra o número.
- Utilize seu Material Dourado.

- Pegue 5 unidades.
- Agora guarde 3 unidades.
- Quantas restaram? 2

- Pegue 10 unidades.
- Agora guarde 8 unidades.
- Quantas restaram?

- Pegue 6 unidades.
- Agora guarde 5 unidades.
- Quantas restaram?

- Pegue 7 unidades.
- Agora guarde 7 unidades.
- Quantas restaram?

A DEZENA

- Pegue **10 unidades** (cubinhos) e coloque em cima de cada ▢ abaixo.

- Quando juntamos <u>**10 unidades,**</u> formamos <u>**1 DEZENA**</u>.

- Agora pegue **1 dezena** do seu Material Dourado e **sobreponha** a dezena abaixo.

- Esta é a <u>**DEZENA**</u> = 10 unidades.

Complete:

10 unidades = _____ dezena

CONTE E PINTE

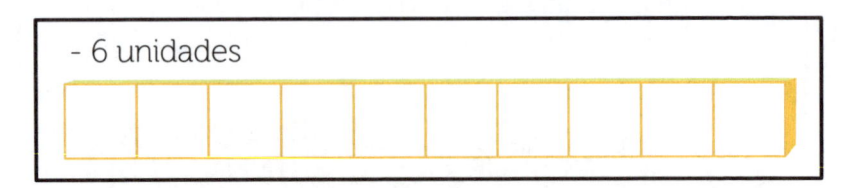

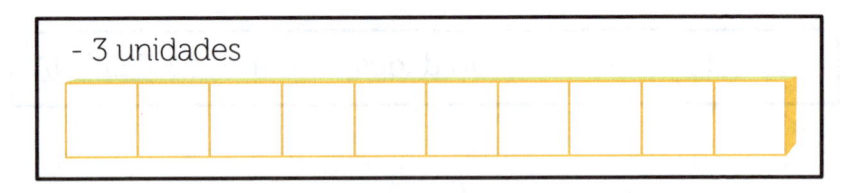

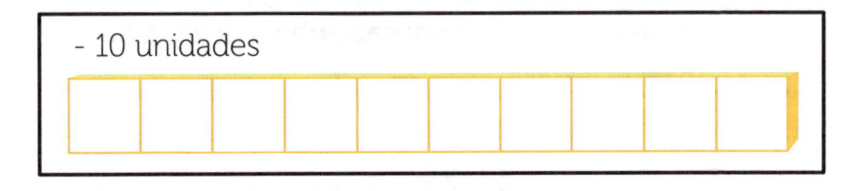

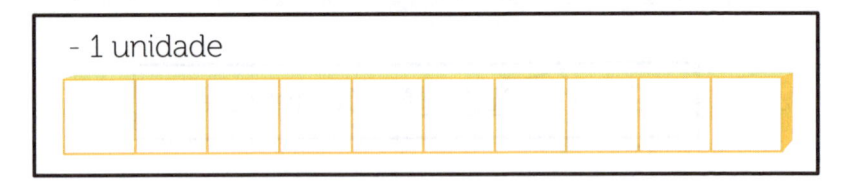

Pinte, na dezena, a quantidade indicada.

- 6 unidades

- 3 unidades

- 10 unidades

- 1 unidade

- 5 unidades

FORMANDO A DEZENA

Complete os conjuntos com as unidades, para que a soma seja **10 (DEZENA)**.
- Utilize seu Material Dourado para somar.

___ + ___ = **10**

___ + ___ = ___

___ + ___ = ___

___ + ___ = ___

AGRUPANDO

Circule as unidades para formar a dezena. Depois, complete o quadro seguindo a legenda.

Veja o exemplo:

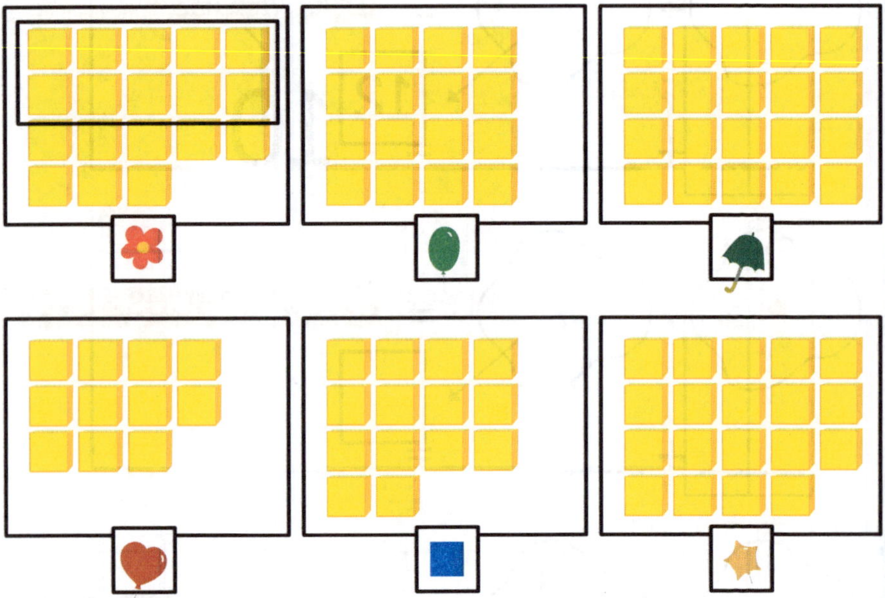

	DEZENAS	UNIDADES	NÚMERO
❀	1	8	18
🎈			
☂			
❤			
■			
★			

QUANTAS DEZENAS E QUANTAS UNIDADES?

Escreva quantas dezenas e quantas unidades há, para descobrir o número.

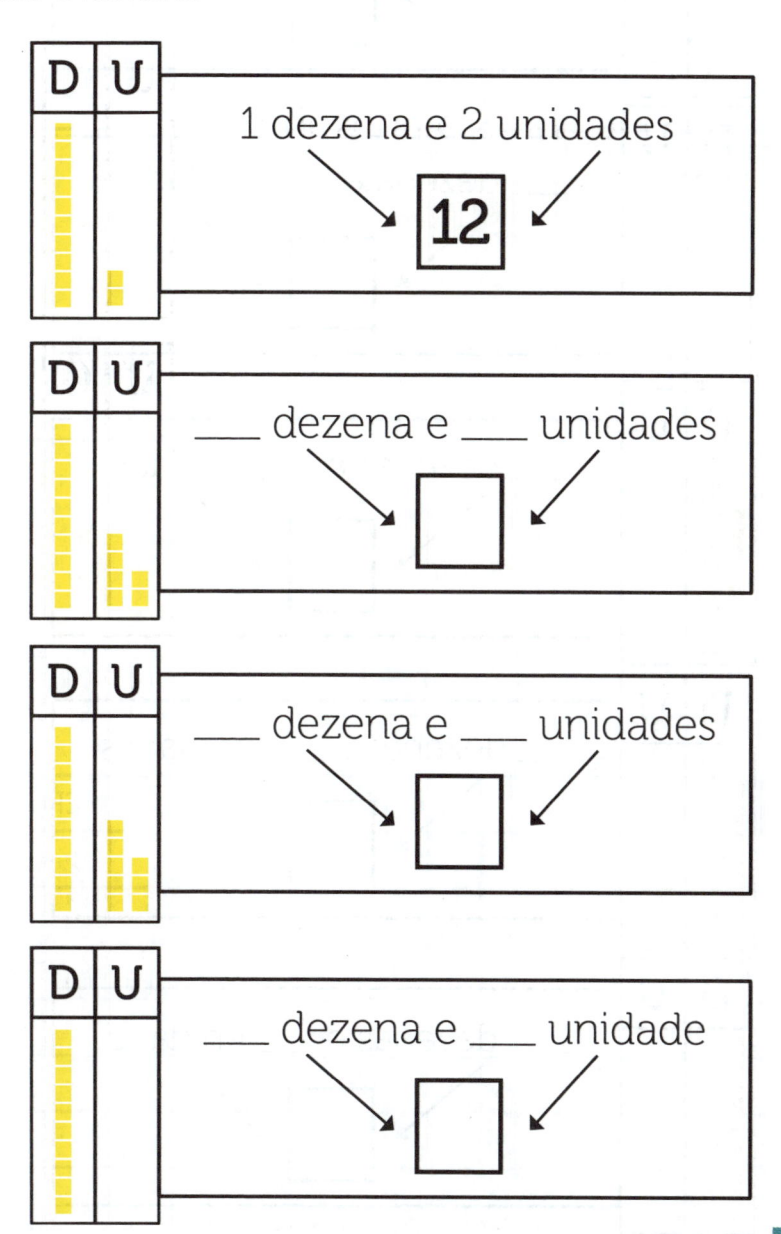

D	U

1 dezena e 2 unidades → 12

D	U

___ dezena e ___ unidades → ☐

D	U

___ dezena e ___ unidades → ☐

D	U

___ dezena e ___ unidade → ☐

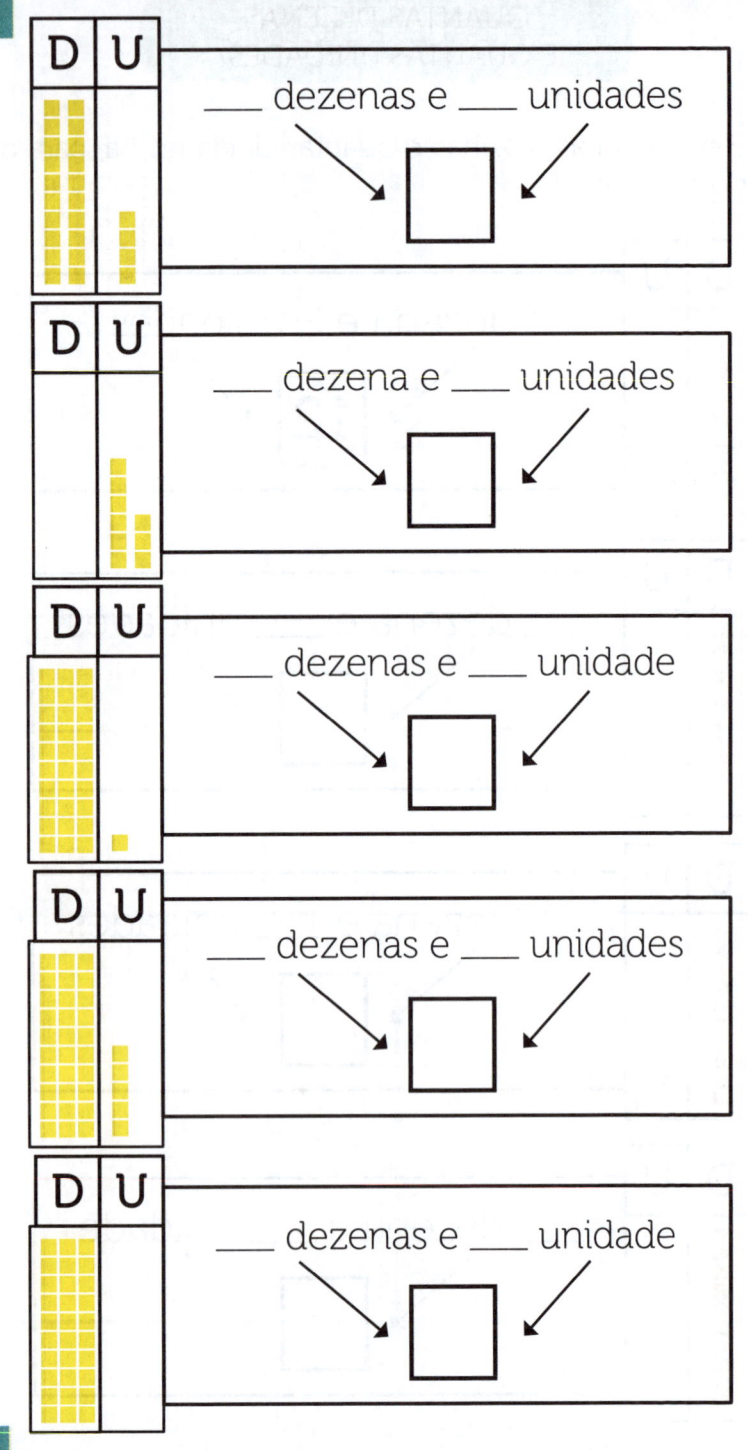

UNIDADES E DEZENAS

- Utilize as unidades do seu Material Dourado para fazer as somas e depois ligue o resultado ao Material Dourado que o representa.

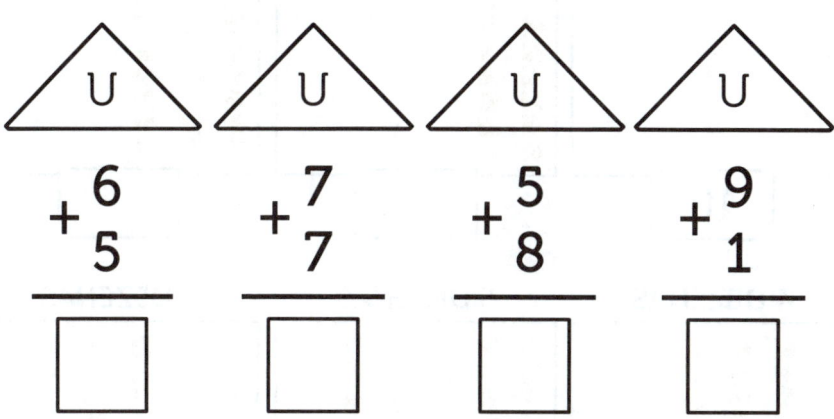

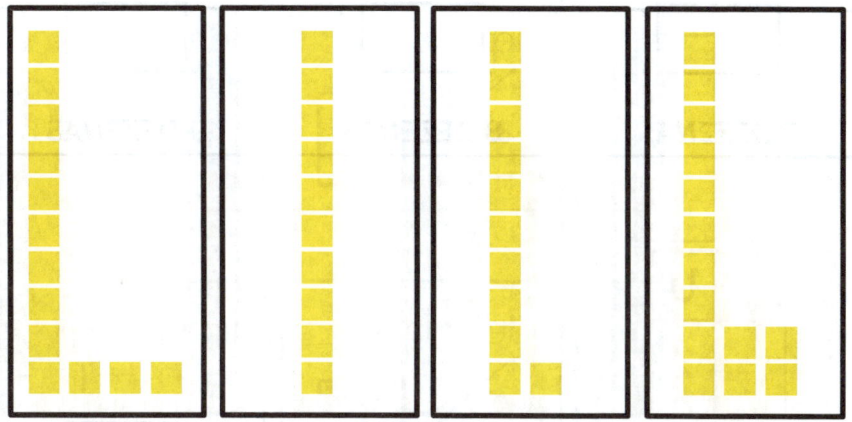

DEZENAS EXATAS

Conte e descubra novas dezenas.

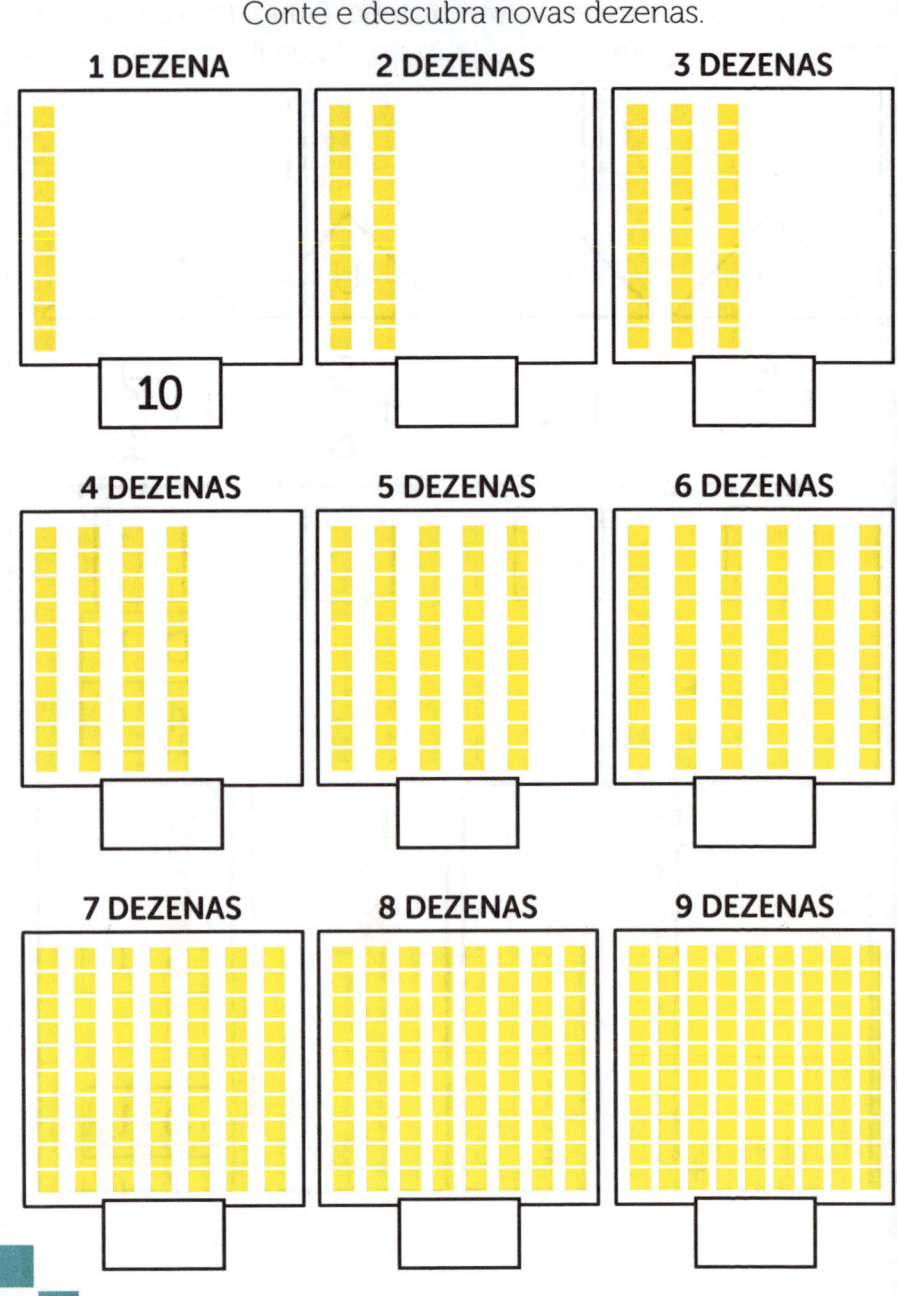

QUAL É A SOMA?

Ligue corretamente a soma do Material Dourado ao resultado.

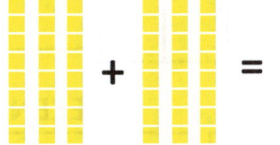

D	U
5	0

D	U
3	0

D	U
4	0

D	U
6	0

D	U
7	0

QUEM SOU EU?

Utilizando suas peças do Material Dourado, forme o número indicado e escreva-o no quadro.

Pegue
3 dezenas e
4 unidades

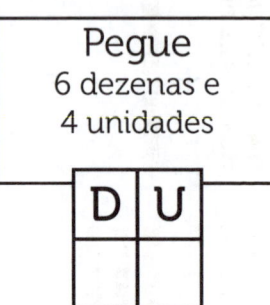

Pegue
6 dezenas e
4 unidades

Pegue
1 dezena e
1 unidade

Pegue
4 dezenas e
0 unidade

Pegue
5 dezenas e
2 unidades

Pegue
3 dezenas e
1 unidade

AGORA É COM VOCÊ

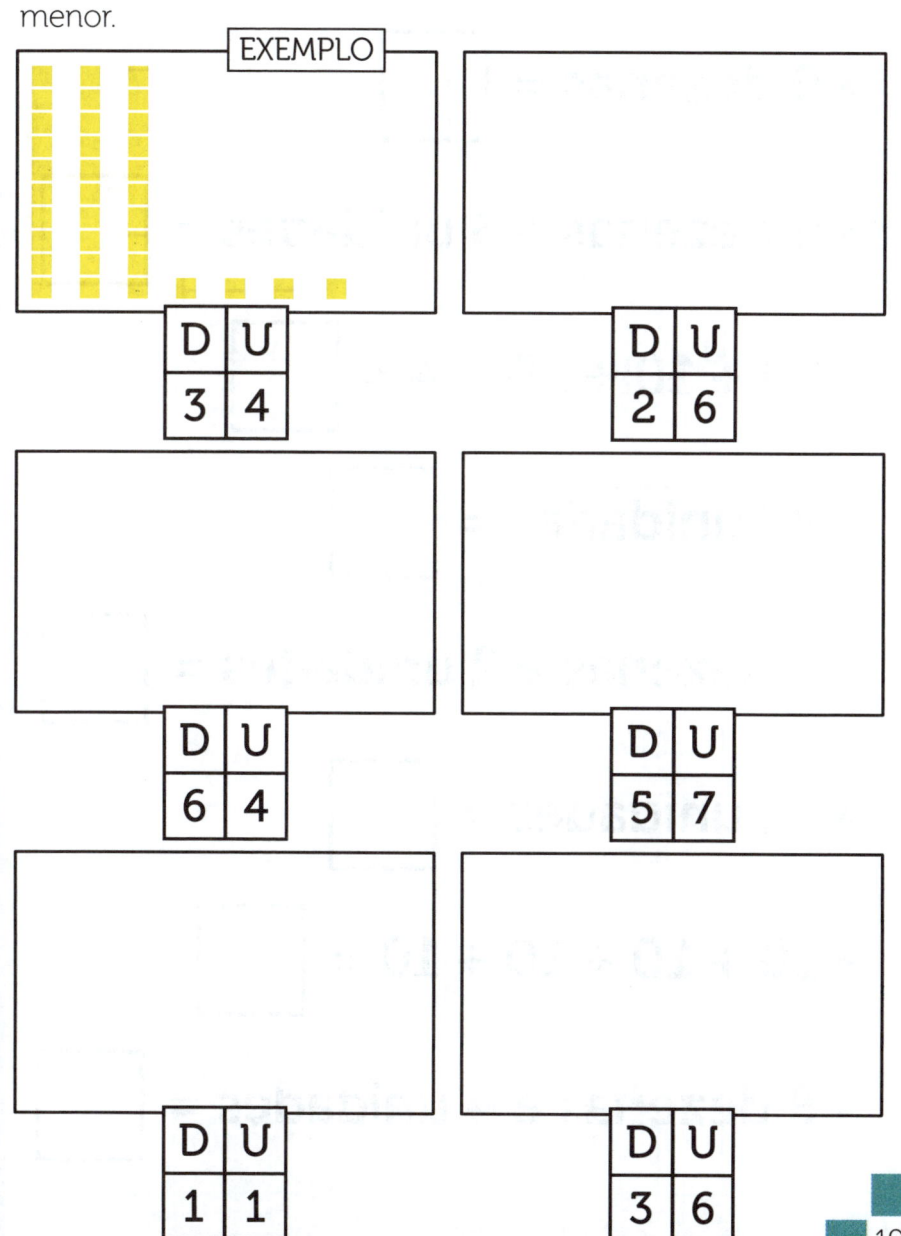

Represente o número indicado utilizando as peças do seu Material Dourado e depois desenhe no quadro em tamanho menor.

EXEMPLO

D	U
3	4

D	U
2	6

D	U
6	4

D	U
5	7

D	U
1	1

D	U
3	6

QUAL SERÁ?

Escreva qual é o número indicado.

- **9 dezenas =** ☐

- **6 dezenas e 3 unidades =** ☐

- **10 + 10 + 10 + 4 =** ☐

- **27 unidades =** ☐

- **2 dezenas e 2 unidades =** ☐

- **18 unidades =** ☐

- **10 + 10 + 10 + 10 =** ☐

- **8 dezenas e 4 unidades =** ☐

NÚMERO E MATERIAL DOURADO

Conte quantas dezenas e unidades há em cada representação e ligue ao número correspondente.

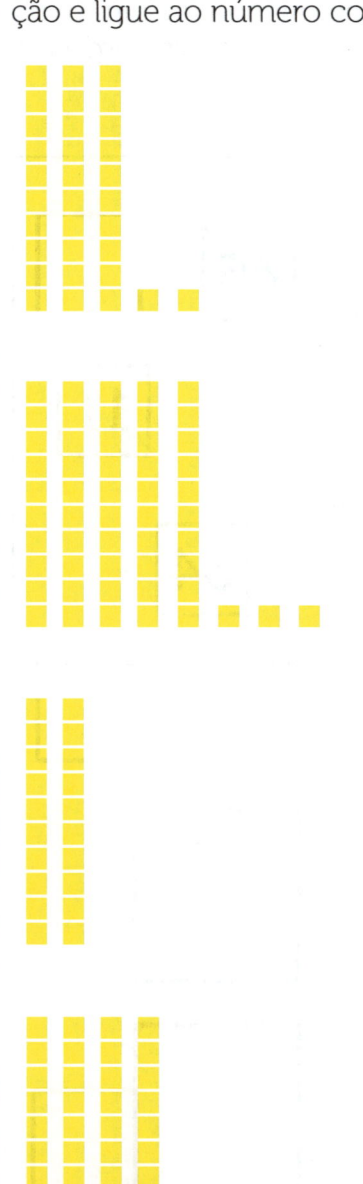

D	U
2	0

D	U
3	2

D	U
5	3

D	U
4	2

PRATICANDO COM O MATERIAL DOURADO

Escolha 5 dos números abaixo para representá-los utilizando suas peças do Material Dourado.

Circule os números que você escolher e depois comece a atividade.

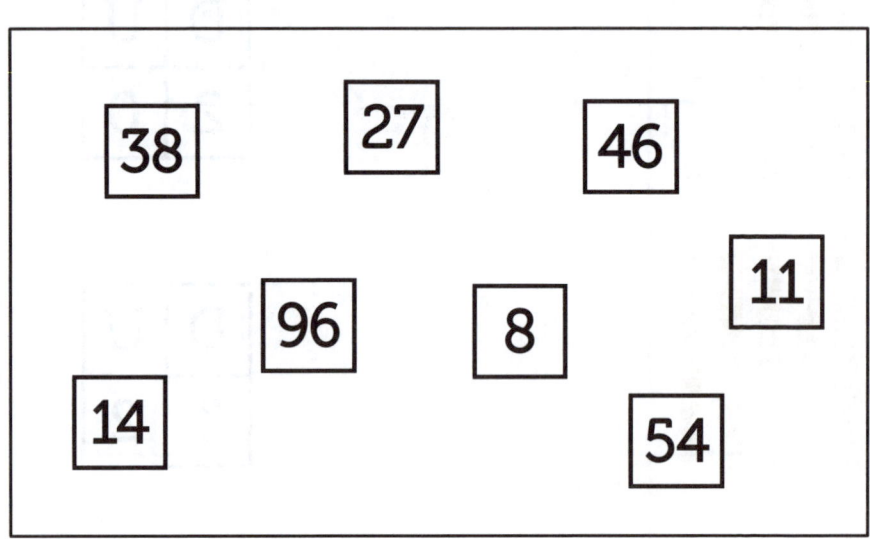

RESPONDA:

- Qual o maior número que você representou com as peças?

- E o menor?

CALCULANDO

- Vamos fazer as somas representadas com o Material Dourado.
- **Atenção:** comece somando as unidades e depois as dezenas.

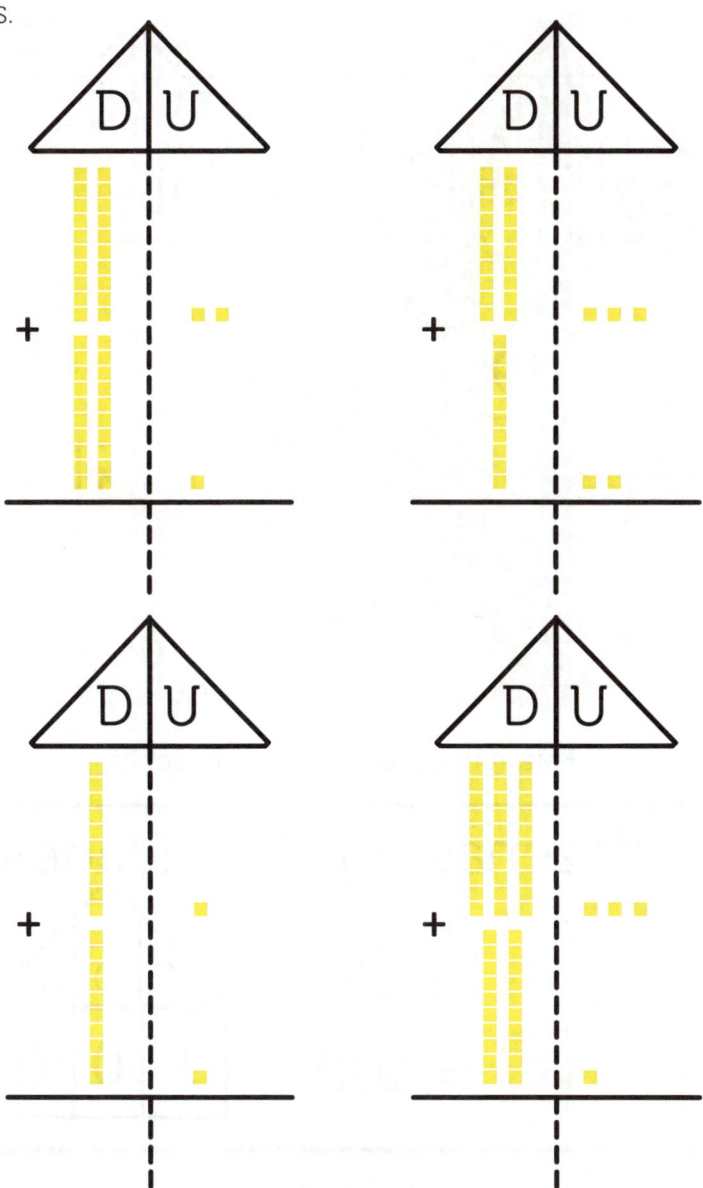

A CENTENA

Para descobrir quantas dezenas 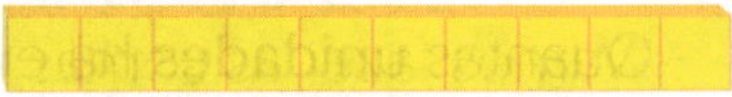 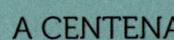 são necessárias para formar 1 **centena**, **sobreponha-as** na placa abaixo.

- Foram necessárias _____ dezenas.

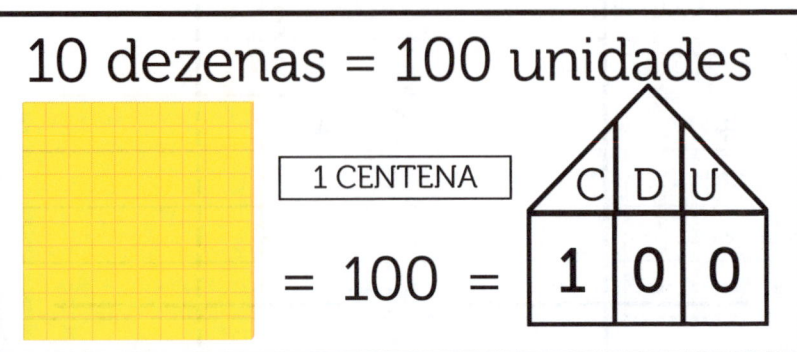

RELEMBRANDO

- Quantas **unidades** há em cada peça?

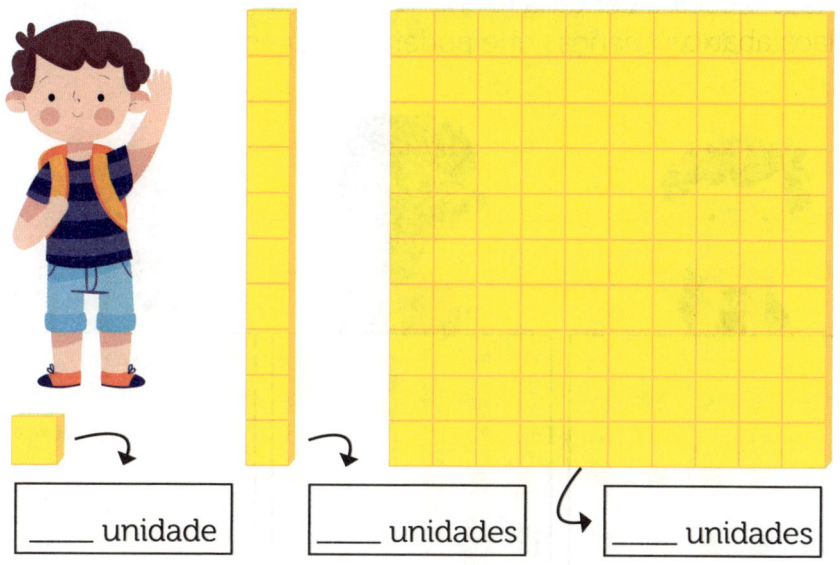

____ unidade   ____ unidades   ____ unidades

Siga as instruções e escreva qual é o número que formará.
<u>Dica:</u> Utilize as peças do seu Material Dourado para facilitar a realização.

Pegue no Material Dourado	Número
3 dezenas e 4 unidades	
6 dezenas e 7 unidades	
1 centena, 2 dezenas e 1 unidade	
1 centena, 5 dezenas e 3 unidades	
9 unidades	
10 dezenas	

QUEM SERÁ?

Quando juntamos **10 dezenas** (100 unidades), podemos trocá-las por **1 centena**.

Circule as crianças que poderão fazer essa troca.

DESCUBRA

Observe o Material Dourado e complete o quadro com o número correspondente.

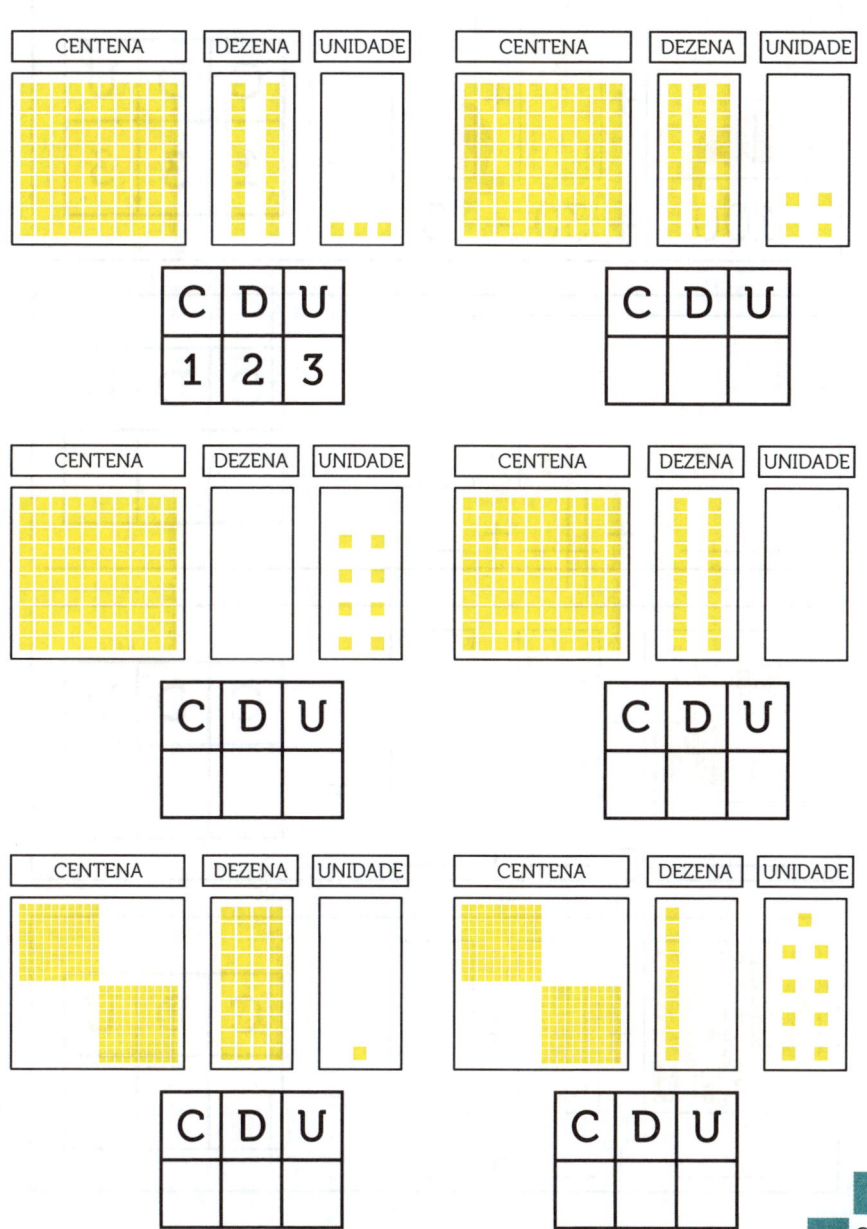

C	D	U
1	2	3

C	D	U

C	D	U

C	D	U

C	D	U

C	D	U

SOMAR E DESCOBRIR

Utilize o Material Dourado e siga o exemplo.

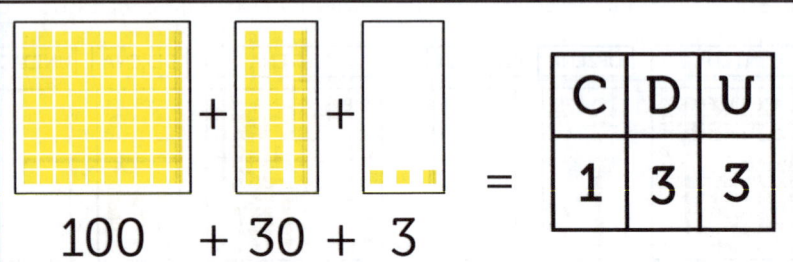

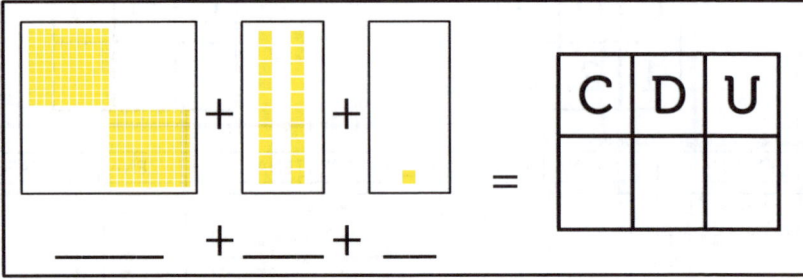

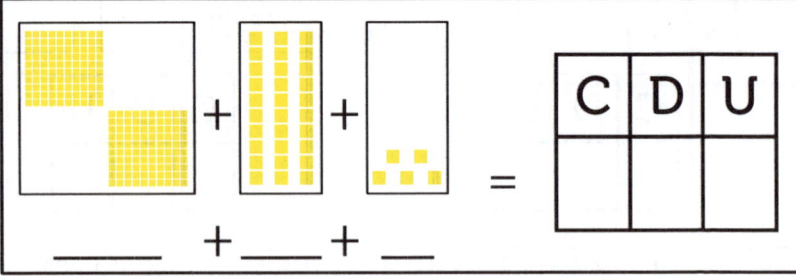

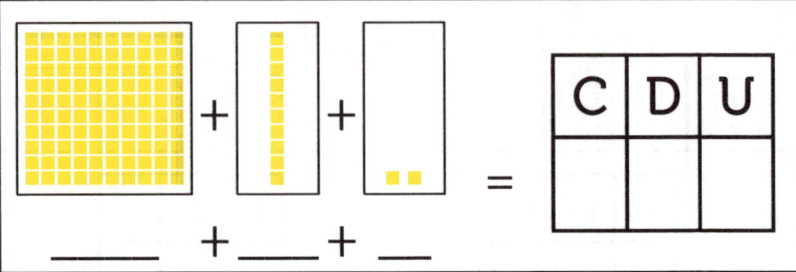

FORME E DESCUBRA

- Com as peças do seu Material Dourado, forme o número indicado e depois registre (em tamanho menor) as peças que você usou.

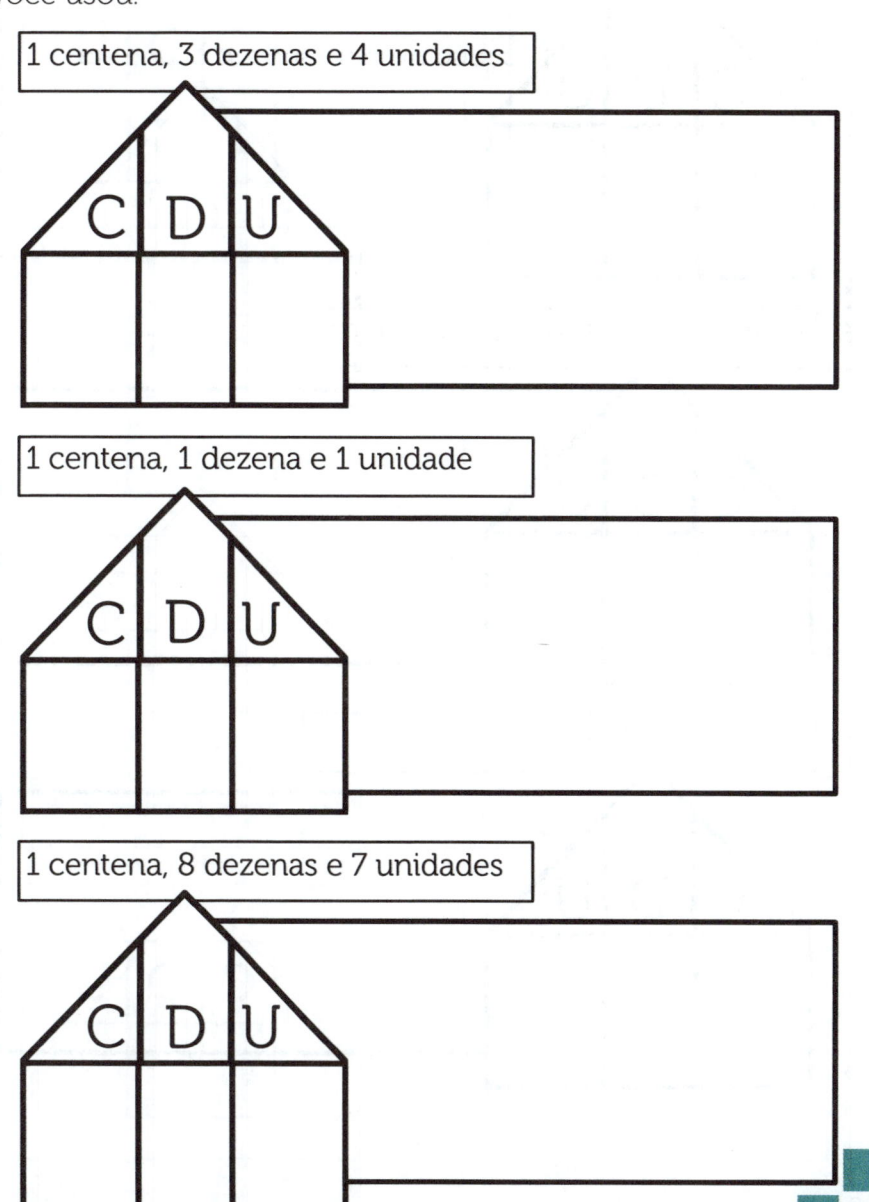

1 centena, 3 dezenas e 4 unidades

1 centena, 1 dezena e 1 unidade

1 centena, 8 dezenas e 7 unidades

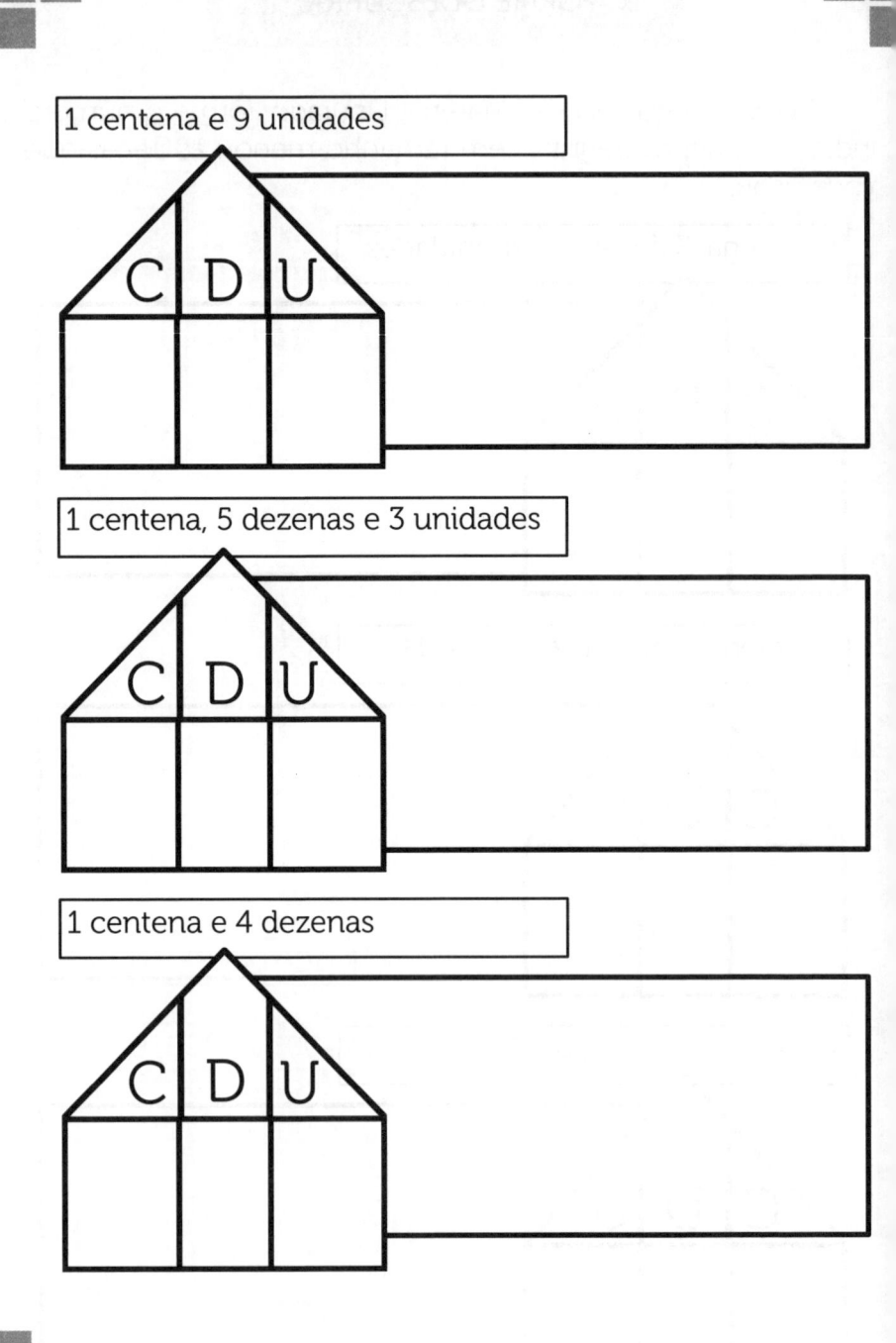

1 centena e 9 unidades

1 centena, 5 dezenas e 3 unidades

1 centena e 4 dezenas

PARA NÃO ESQUECER

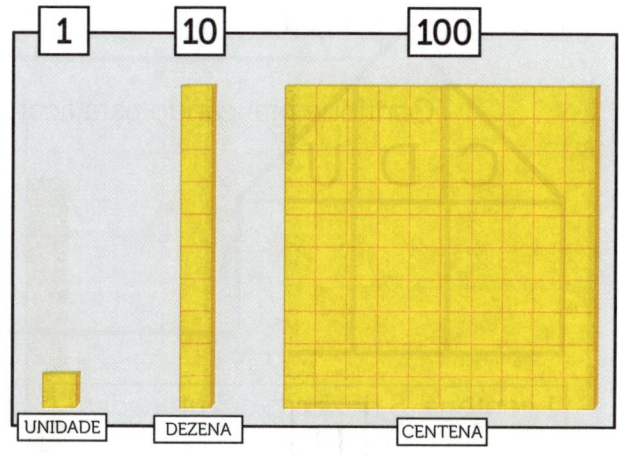

Para aprender mais!

- Se juntarmos **10 centenas** (10 placas), formaremos o MILHAR.

Veja:

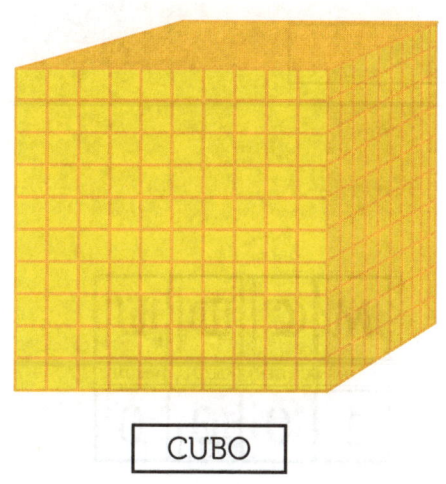

10 = CENTENAS

100 = DEZENAS

1000 = UNIDADES

1 MILHAR

PARABÉNS!

Você está aprendendo o Sistema de Numeração Decimal com o Material Dourado.

Continue praticando para ficar craque!

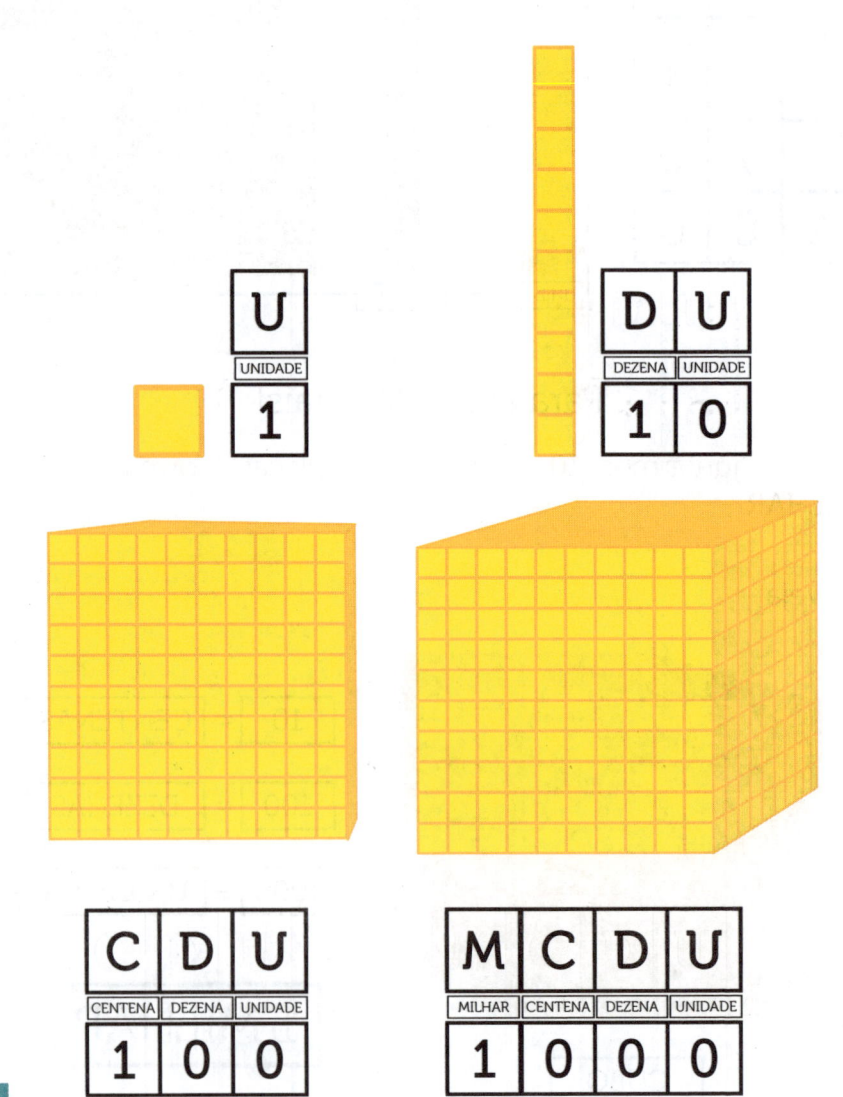

U
UNIDADE
1

D	U
DEZENA	UNIDADE
1	0

C	D	U
CENTENA	DEZENA	UNIDADE
1	0	0

M	C	D	U
MILHAR	CENTENA	DEZENA	UNIDADE
1	0	0	0